T0122767

QUELQUES PAGES
SUR
HEIDEGGER

BIBLIOTHÈQUE D'HISTOIRE DE LA PHILOSOPHIE

François PAULHAC

QUELQUES PAGES
SUR
HEIDEGGER

PARIS
LIBRAIRIE PHILOSOPHIQUE J. VRIN
6, Place de la Sorbonne, V e
2006

© *Librairie Philosophique J. VRIN,* 2006
Imprimé en France
ISBN 2-7116-1839-0

www.vrin.fr

I

ESQUISSE DE BIOGRAPHIE

Né en 1889 à Messkirch, petite ville de Souabe où il mourra en 1976, Martin Heidegger est un homme de son temps et de son pays qu'il ne quittera qu'à peine pour quelques voyages en France et en Grèce à la fin de sa vie. Universitaire il a enseigné la philosophie à Marbourg et à Fribourg puis s'est retiré dans un ermitage forestier. Cette vie le fait aujourd'hui classer par certains comme un nostalgique d'une époque révolue dans laquelle existait encore ces chemins de campagne (*Feldweg*) qu'il évoque dans une prose qui, même traduite, reste superbe :

> Le chemin rassemble ce qui a son être autour de lui, et à chacun de ceux qui le suivent, il donne ce qui lui revient. Les mêmes champs, les mêmes pentes couvertes de prairies font escorte au chemin de campagne en toute saison, proches de lui d'une proximité toujours autre. Que la chaîne des Alpes au dessus des forêts s'efface dans le crépus-

cule du soir, que là où le chemin se hisse sur une colline, l'alouette au matin s'élance dans le ciel d'été, que le vent d'Est souffle en tempête de la région du village maternel, que le bûcheron, à la tombée de la nuit, traîne son fagot vers l'âtre, que le char de la moisson rentre à la ferme en vacillant dans les ornières du chemin, que les enfants cueillent les premières primevères au bord des prés, que tout le long du jour le brouillard promène sur la vallée sa sombre masse, toujours et de tous côtés c'est le Même qui nous parle autour du chemin [1].

Les biographes d'Heidegger insistent sur ses origines provinciales – son père tonnelier et sacristain, sa mère fille de paysans – sur son allure même de campagnard, sur son amitié avec Ernst Jünger, un autre nostalgique du passé. On relève, hors du contexte, ce qu'il dit de la science et de la technique et on le pense traditionaliste oubliant qu'il a aussi écrit :

le repli sur la tradition, frelaté d'humilité et de présomption, n'est capable de rien par lui-même, sinon de fuite et d'aveuglement devant l'instant historial.

Disqualification suprême, Heidegger s'est inscrit au parti nazi. Lors de l'avènement d'Hitler au pouvoir en 1933, il fut quelques mois fonctionnaire du régime en tant que recteur de l'Université de Fribourg et s'il démissionna neuf mois plus tard il refusa jusqu'à la fin de sa vie de s'excuser de cet engagement. S'il en exprima

1. « Le chemin de campagne », dans *Questions III et IV*, « Tel », Paris, Gallimard, 1990, p. 13.

quelques regrets ce fut surtout à propos des conséquences fâcheuses de cet engagement sur sa carrière de
professeur. Suspendu par le régine en 1944 il fut ensuite
interdit d'enseignement par les autorités alliées de 1945
à 1951... Ajoutons à cela quelques excès dans le retour à
l'étymologie et l'emploi, dans ses derniers ouvrages,
d'un vocabulaire idiosyncrasique propre à rebuter le
lecteur hâtif : pensant autrement que la philosophie offi-
cielle, néokantiste, positiviste ou existentialiste au sens
sartrien, il lui fallait utiliser un champ lexical approprié,
substituant des relations de surfaces (reflets, miroirs,
jeux) aux relations verticales classiques de sujet (sub-
tanciel) doté d'attributs et de compléments (accidentels).
Pour toutes ces raisons, Heidegger n'a pas bonne presse
dans un large public. Même son élève et commentateur
fidèle Gadamer[1] écrit dans la préface des *Chemins de
Heidegger* :

> que son intention est de mettre le lecteur en garde contre
> l'erreur qui consisterait à soupçonner quelque mythologie
> ou de la gnose poétisante dans la prise de distance de
> Heidegger avec les habitudes courantes de pensée.

---

1. Gadamer (1900-2002), spécialiste de l'herméneutique, présent dès
le début de l'enseignement de Heidegger à Fribourg en 1923, assista au
succès de *Sein und Zeit* et suivit très amicalement la carrière et la pensée de
Heidegger. Il attendit d'avoir lui-même publié son chef d'œuvre, *Vérité et
méthode*, pour faire paraître *Les chemins de Heidegger*, dont la traduction
française par Jean Grondin fut éditée à Paris en 2002 par la Librairie
Philosophique J. Vrin.

Puisqu'il y a erreur possible, le soupçon, au moins, est donc légitime…

En dépit de son engagement déplorable de 1933, en dépit des difficultés de son vocabulaire, notamment dans ses derniers écrits, Heidegger demeure « le philosophe du XXᵉ siècle » tant pour ses élèves devenus célèbres comme Hannah Arendt et Herbert Marcusse que pour presque tous les grands noms de la philosophie française : Merleau-Ponty, Sartre, Derrida, Levinas, etc. … Il faut dire que la parution d'*Être et Temps* en 1927 fit l'effet d'une véritable révolution dans le monde de la pensée et assura immédiatement à son auteur une célébrité qu'il n'est pas exagéré de qualifier de mondiale. La grande œuvre de Sartre, *L'Être et le Néant* doit beaucoup à *Être et Temps* ainsi qu'à la conférence de Heidegger *Qu'est-ce que la métaphysique ?* de 1929. Il en fut de même du succès que connût l'existentialisme en France à partir des années 1940[1]. Mais l'existentialisme de Sartre met en avant la subjectivité. S'il retient de Heidegger la formule, « l'essence de l'homme, c'est son existence, son engagement », c'est au sens : ce que l'homme a fait

---

1. Le terme même d'existentiel et la philosophie de l'existence étaient à la mode en Allemagne dès les énnées 1920. Le mot avait été employé en 1840 par le philosophe danois Kierkegaard, critique chrétien de l'idéalisme essentialiste de Hegel mais l'influence de Kierkegaard ne se fit guère sentir avant le début du XXᵉ siècle.

de sa vie détermine ce qu'il est[1]. Sartre se veut humaniste alors que, très explicitement dans sa *Lettre sur l'humanisme* de 1945[2], Heidegger récuse la notion classique d'humanisme. Il ne cherche pas à dire quelque chose sur l'homme en tant qu'animal raisonnable. Il a en vue non pas l'homme mais l'Être en tant que la vérité de l'Être est le propre de l'homme. Il refuse énergiquement toute assimilation de son œuvre à une anthropologie-psychologique, éthique ou politique.

---

1. L'existence, pour Sartre, détermine l'essence alors que, dans la philosophie traditionnelle, l'essence – ce qu'un être est – est d'ordre supérieur à l'existence qui n'est qu'un « accident ».

2. Réponse de Heidegger à son traducteur français, Jean Beaufret.

II

« ÊTRE ET TEMPS »
LA PHÉNOMÉNOLOGIE DE HEIDEGGER

Nous ne pouvons encore aujourd'hui nous déprendre de penser en mode catégoriel au sens scholastique du terme. C'est que, depuis Platon et Aristote, nous refusons de voir les choses elles-mêmes. Par «choses», il faut entendre tous les étants, tout ce à propos de qui et de quoi nous disons «il est», c'est à dire aussi bien Dieu, l'homme que je suis, les autres hommes, les vivants, les choses proprement dites, le monde, tous les possibles. A l'origine, il y eut Platon, l'*eidos*, la visée, l'*idea*, l'aspect, les «idées» ce sont les figures des choses, leurs modèles, ce qui deviendra plus tard les universaux, plus vrais, plus réels[1], selon les platoniciens, que les choses imparfaites

---

1. On a parlé à propos de Platon du «réalisme des idées», des idées seules réalités véritables, ce qui déroute les apprentis philosophes qui, une fois pour toutes, ont classé Platon comme idéaliste et Aristote comme son contraire : réaliste.

d'ici bas. La logique d'Aristote substitue aux idées des choses la notion de leur «concept». C'est le fait de l'homme qui, en toute chose particulière dégage ses caractères généraux par genre prochain et différence spécifique. Les «catégories» d'Aristote sont les distinctions posées par la logique entre d'une part la substance (notre sujet grammatical) et d'autre part ses accidents (nos compléments, attributs ou prédicats : le temps, le lieu, la quantité, la qualité, l'action, la passion, la relation, le point de vue, etc....). La métaphysique d'Aristote, tentative de penser l'être des choses, ce qui fait que les étants sont en tant que tels, distingue deux modalités pour ces étants : le possible et le réel (la puissance et l'acte). On peut dire qu'une femme-poisson est possible, peut-être même en puissance dans l'esprit du poète ou du créateur, mais elle n'est pas réelle, en acte. Avec la distinction des modalités, la théorie des quatre causes d'Arsitote élabore une grandiose explication des mouvements du monde entre un premier moteur immuable et une cause finale avec, entre les deux, des phénomènes qui, tous, s'expliquent en raison par un autre qui le précède. «Rien n'est sans raison» et Leibniz précisera : «rien n'est sans raison qu'il faut rendre»; il y a ou il doit y avoir réponse à tous les pourquoi.

Notre structure de pensée n'a pas beaucoup changé. Ce que nous appelons notre conscience psychologique (*Bewurstein*, en allemand, conscience de...) se pose en sujet et élabore des concepts pour constituer les choses en objets que nous cherchons à représenter en mode catégoriel, c'est à dire en substances auxquelles s'ajoutent des accidents. On dit aussi bien : « Dieu est un être (existant) qui est tout puissant et éternel… » que « l'oxygène est un gaz incolore et inodore capable d'entretenir les combustions etc.… ». Et toute l'anthropologie (biologico, psycho, sociologique) étudie l'homme en l'analysant comme une matière (le corps) « informée » par la raison (qu'on appelle aussi âme, esprit, etc.…).

Heidegger, dans *Être et temps* qui est œuvre de phénoménologie, cherche l'être des choses à partir de l'être de l'homme qu'il analyse non en mode catégoriel mais en mode existentiel.

La phénoménologie de Husserl, maître et prédécesseur de Heidegger à Fribourg était une tentative pour aller, selon sa maxime, « aux choses elles-mêmes ». C'était une réaction contre le néo-kantisme à la mode dans les universités à la fin du dix-neuvième siècle, dernier avatar de cette distinction qui structurait la pensée depuis Platon : nature / surnature, corps / esprit, sensible / intelligible. Après la distinction de Descartes : *res extensa / res cogitans* c'est à dire monde / pensée, la tentative de Kant avait consisté à dégager les conditions de possibilité de la science : les caractères *a priori* de notre sensibilité et de notre entendement qui nous permettent d'appréhender les phénomènes selon nos moyens de prise afin d'en faire les sciences. Kant prenait bien soin de séparer les phénomènes, ce qui frappait nos

sens et permettait à notre pensée de *se représenter* les
objets, de ce qu'il appelait les noumènes, les choses en
soi, qu'il plaçait au-delà du monde sensible. Il ne
s'écartait pas, ce faisant, de Platon qui renvoyait dans le
monde supra-sensible des Idées les figures des choses
qui constituaient pour lui ce qu'il y avait de plus parfait,
de plus réel. L'être-en-soi étant jugé inatteignable par les
successeurs de Kant, il convenait de cesser de s'en
occuper. Cette attitude fut généralisée dans le pragma-
tisme positiviste de la science du XIXe siècle : agnos-
ticisme et fin de la métaphysique. Parler de l'être-en-soi
n'intéresse guère le savant, spécialement s'il est conçu
comme distinct du phénomène, seule manifestation de
l'être accessible à l'observateur.

Heidegger donne du phénomène une définition tout
à fait nouvelle par rapport à l'acception kantienne.
Remontant à la forme du mot grec *phainomenon* dans
laquelle il voit la même racine que *phoi* (la lumière), il
considère que le phénomène est « ce qui se montre soi-
même ». Ce n'est pas une apparence (*Schein*) qui ferait
que la chose se montrerait comme elle n'est pas. Ce n'est
pas une apparition (*Erscheinung*) qui serait une annonce
par signe, une relation de renvoi à autre chose que ce qui
se manifeste. Heidegger affirme avec force, à la fin du § 7
de *Être et temps* que l'ontologie (la science de l'être)
n'est possible que comme une phénoménologie, ce qui
peut signifier : il y a identité entre l'être et le phénomène,

l'être *est* le phénomène, cessons de dévaluer ce qui, simplement, se montre à nous. Cela s'est montré aux Présocratiques sous le nom de *physis* : l'éclosion, la clarté de l'éclaircie qui se retire en même temps qu'elle se donne. Ce qui se montre ainsi n'est pas apparence (plus ou moins trompeuse) d'un être qu'il faut s'empresser d'oublier, d'occulter au profit de l'étant, en disant qu'il est « par dérrière » les choses, au delà, transcendant. L'être est tout simplement le phénomène. Les représentations scientifiques – cosmologiques, physique, biologiques, psychologiques, sociologiques – se sont développées en même temps que disparaissait la philosophie, métaphysique achevée. L'essence de la pensée scientifique et technique est d'être une pensée qui est la pensée usuelle de notre époque, arraisonnante et calculante avec tous les risques que cela peut comporter pour l'habiter de l'homme dans le monde. Tout Heidegger est déjà là. Dans la phénoménologie caractérisée comme tentative de faire voir simplement ce qui se montre de soi-même. Dans un regard sans concessions sur les grands moments de l'histoire des idées, laissant au lecteur le soin de méditer sur les méprises qui en sont les conséquences : méprises anthropologiques, les tragiques déconvenues politiques du XXe siècle, méprises technologiques ouvertes par la bombe atomique de 1945, méprises théologiques aussi, avec un discours sur Dieu conçu comme l'Étant suprême qui, défini sur le plan ontique (le monde des étants, on peut dire aussi anthropomorphique) manque tragiquement son Être.

Essayer d'entrer dans la pensée de Heidegger, c'est d'abord distinguer l'ontique (l'existentiel) de l'onto-logique (l'existential), l'étant de l'être. Est ontique tout ce qui concerne les étants, les choses (ou les vivants) qui sont en fait, qui existent au sens courant[1]. Pour Heidegger, la philosophie, depuis Platon et surtout Aristote, s'est définie comme la science de l'être en tant qu'être mais elle a très vite oublié la question de l'être au profit d'un discours sur les étants, discours qui est devenu, dans les Temps modernes, la science. *Ti to on?* Qu'est-ce que l'étant? demande Aristote dans le livre Z de la *Métaphysique*. Qu'est-ce que l'étantéité de l'étant? Platon la déterminait comme *idea*, l'aspect, l'idée, (l'essence) de la chose. Aristote la trouvera dans le dyna-misme de la cause et de la finalité, l'*energeia*. Descartes fondera la « vérité » de l'étant dans la certitude du sujet conscient, Nietzsche dans la volonté. Tous, selon Heidegger, ont manqué l'être.

Le chemin de Heidegger tel qu'il nous apparaît dans *Être et temps* sa première grande œuvre, de 1927, consiste, à partir de l'être de l'homme, à méditer ce qui fait le propre de l'homme. Traditionnellement, depuis Aristote, l'être de l'homme est pensé à partir de l'étant-

---

1. *Existentia* est un mot du langage philosophique médiéval qui s'oppose à *essentia*. L'essence c'est ce que c'est, la définition (par genre et différence spécifique : l'homme a pour essence d'être un animal doué de raison). L'existence, c'est l'essence réalisée dans un individu qui est en réalité, en acte et non pas seulement en puissance (à l'état de définition abstraite).

homme. Il reçoit ses caractères propres de la même manière que tout étant, par genre et différence spécifique (animal raisonnable). Heidegger voit dans cette structure de pensée qui est celle de notre pensée « occidentale » habituelle, la méprise fondamentale qui barre, dès le commencement, le chemin de l'Être. Bien sûr, Platon avait pensé la vérité de l'être, l'*aletheia*, comme un éclairement, une visée : l'*eidos* ou *idea*, aspect ou idée, quelque chose comme une éclaircie aménagée pour l'avènement de l'être. Avec les explications causales (premier moteur, finalité) et les définitions catégoriales d'Aristote par substances et accidents, la pensée occidentale s'est délibérément détournée de l'être au profit de la recherche de la maîtrise de l'étant[1]. Détournée de la méditation, la pensée est devenue pensée représentative, puis calculante, posant l'étant comme objet devant un sujet substantiel : l'ego.

Dans *Être et temps*, œuvre du phénoménologue qu'il était en 1927, Heidegger s'interroge sur ce qui caractérise en propre l'être de l'homme, dans son vécu, dans son existence d'être-là. Il rompt avec les anthropologies traditionnelles qui représentent l'homme soit comme substance, soit dans sa subjectivité.

Les deux sections publiées de *Être et temps* traitent de l'analytique existentielle de l'homme. On y cherche, à partir du vécu de l'homme, ce que Heidegger appelle ses

---

1. L'homme de Descartes « comme maître et possesseur de la nature... ».

existentiaux, ses modes d'être. Il emploie, dans *Être et temps* le mot de *Dasein* – mot à mot : être-là – pour dire ce que l'on a justement traduit : la réalité humaine, l'homme dans son vécu. Le mot Dasein est un mot que la philosophie allemande du dix-huitième siècle avait employé pour traduire le terme latin *existentia*, mot qui ne se rapporte pas exclusivement à l'homme mais désigne, dans le langage de la scholastique médiévale, l'opposé de l'essence. L'essence, la quiddité d'une chose, c'est ce quelle est, sa définition, par genre prochain et différence spécifique (exemple : la craie est un matériau – genre prochain – qui a la particularité – spécifique – de faire effervescence avec les acides). L'existant, c'est ce morceau de craie que voici. C'est non pas ce que c'est mais le fait que c'est, la « facticité ».

Ayant employé dans *Être et temps* le terme de *Dasein* pour dire le propre de l'homme, ses caractères existentiaux, au premier rang desquels nous le verrons, se trouve le sentiment d'être-là (ouvert au monde), affecté par les situations, attentif aux autres), Heidegger et ses traducteurs, pour éviter des malentendus, ont employé pour désigner l'existence de l'homme en particulier, sa facticité, le graphisme d'*ek-sistence* qui fait signe au latin *ex-sistere* au sens de se tenir hors de, marquant ainsi le caractère du *Dasein* (humain) d'être ouvert à, de sortir hors de lui-même, d'être tourné vers ce qui est extérieur à lui-même, contrairement à la conception classique du sujet replié sur sa pensée consciente, sa vie intérieure, etc. … On a même écrit *ek-sistance* avec un *a* pour accentuer le caractère actif[1] de la posture d'*ek-sistant* de tout homme particulier. Cette mise au point n'épuise pas les difficultés du vocabulaire heideggérien. Si, dans *Être et temps*, le terme de *Dasein* dit la réalité humaine, la recherche des caractères de ce *Dasein*, dans ses existentiaux, n'est pas entreprise pour elle-même mais pour parvenir à l'Être en général, non point au seul *Dasein* de l'homme mais au Dasein des choses, des vivants, de Dieu même s'il était possible. La pensée du *Dasein* de Heidegger, quand elle dira que le *Dasein* (de l'homme) c'est son existence (au sens de notre graphisme *ek-sistance*) ce n'est point une fin en soi, c'est pour aller plus loin sur le chemin de la question de l'Être. C'est la raison pour laquelle Heidegger refusera[2] énergiquement d'être classé parmi les « philosophes de l'existence ». Sartre et les existentialistes français ont puisé beaucoup dans *Être et temps* pour élucider les caractères existentiels de l'étant-homme. Ils en ont fait un humanisme, trouvant la définition de l'essence de l'individu-homme dans son existence, ce qu'il fait librement de son *kairos*, de son destin, du bref laps de temps qu'il lui est donné de passer de sa naissance à sa mort. Ce que cherche Heidegger, dans l'analyse existentielle de l'homme, ce n'est pas à définir son essence par son existence, c'est ce caractère décisif d'avoir un rapport prioritaire à l'Être, de pouvoir

---

1. Le *a* fait signe au participe verbal existant plutôt qu'à l'adjectif non verbal d'où vient le nom : existence.

2. Notamment en 1945 dans la *Lettre sur l'humanisme* (voir ci-dessus).

« comprendre » l'Être. C'est parce que, seul parmi tous les étants, le *Dasein* (réalité humaine) a le privilège de pouvoir comprendre son être, son propre, qu'il a, selon Françoise Dastur, « du même coup celui de comprendre l'être des autres étants »[1]. C'est le sens du chemin de Heidegger, par delà *Être et temps*, ce livre où la recherche du propre de l'homme, des « existentiaux » du *Dasein*, ne constitue qu'une entrée en matière.

1. Françoise Dastur, *Heidegger et la question anthropologique*, Louvain-Paris, Peeters, 2003, p. 13.

III

LES EXISTENTIAUX DU *DASEIN*

Le but explicite de *Être et temps* est de retrouver le sens de l'Être, oublié depuis le début de la philosophie au profit de la science des étants. Mais, écrit Heidegger, « le questionnement sur l'être ne répond à aucun besoin »[1] car l'être est le concept le plus général, donc le plus vide, le plus indéfinissable[2]. Le terme « Être », écrit Heidegger en 1929 dans *La thèse de Kant sur l'Être*[3] désigne ce que :

> nous avons en vue quand nous disons « est », « est passé » et « est en train de venir ». Tout ce qui nous atteint et ce à quoi nous pouvons atteindre passe, qu'il soit prononcé ou non,

1. *Être et temps*, trad. fr. F. Vezin, Paris, Gallimard, 1986, p. 26.
2. *Cf.* Pascal : « On ne peut entreprendre de définir l'être sans tomber dans cette absurdité : car on ne peut définir un mot sans commencer par celui-ci : c'est. Donc pour définir l'être il faudrait dire c'est et ainsi employer le mot défini dans sa définition ».
3. Dans *Questions I et II*, « Tel », Paris, Gallimard, 1933, p. 379.

par le « il est »… Le « est » demeure connu de nous par toutes ses formes manifestes et cachées. Et pourtant, dès que le mot « être » frappe nos oreilles, nous affirmons qu'à son propos on ne peut rien se représenter, qu'à son sujet on ne peut rien concevoir ».

Kant le disait déjà :

Être n'est pas un prédicat réel c'est à dire un concept de quelque chose qui pourrait s'ajouter au concept d'une autre chose, c'est seulement la *position* d'une chose ou de certaines déterminations en elles-mêmes [1].

L'être,

dit Heidegger,

c'est ce qui détermine l'étant comme étant… Ce n'est pas lui-même un étant… Il lui faut un genre de monstration propre et essentiellement différent de celui par lequel l'étant est dévoilé [2].

Le point de départ, pour tenter de poser la question de l'être, dans *Être et temps*, c'est l'étant que nous sommes, nous les questionnants, ce *Dasein* qui a un rapport insigne avec l'être puisqu'il est « cet étant qui a ceci de propre qu'il n'a qu'à être (à exister) pour que cet être qui est le sien soit découvert » [3]. Le travail préparatoire pour faire émerger l'être du *Dasein*, c'est à dire son propre,

1. La *Critique de la raison pure* date de 1781.
2. *Être et temps, op. cit.*, p. 29.
3. *Ibid.*, p. 36.

consiste à l'envisager dans l'horizon de la temporalité. Or dans la philosophie traditionnelle, être et temps sont incompatibles. L'être est par définition une présence intemporelle stable, une substance persistant dans un présent indéfini. C'est d'ailleurs le mot grec *ousia* qui signifie à l'origine présence (cf. *abousia* = absence) qui fut choisi par la théologie médiévale pour parler des natures divine et humaines[1]. L'homme de Heidegger « ouvert à » c'est à dire non terminé, encore sur le mode du possible, ayant encore à mourir, n'est pas pensé à partir de son essence éternelle (*ousia*) ni du présent : « je suis ». Il est dans un champ de possibles, déterminé par son « a-venir ». L'homme qui se sait mortel, caractérisé par ce qu'il a été (la facticité inauthentique du souci, de la préoccupation) est en attente d'un futur qui s'avance vers lui, le rend « passé » et « ayant à être pour la mort ». Cette situation le fait peut être capable d'apercevoir la vérité (de l'être). A condition de rompre avec la philosophie traditionnelle de Platon à Nietzsche, de rompre avec la représentation par concepts, de rompre avec la conscience du moi, avec la structure classique du sujet face à l'objet, mode habituel sur lequel la science mais aussi plus simplement les hommes ont pris l'habitude de penser le monde. Avec toutes ces ruptures, c'est à une totale déconstruction que nous invite Heidegger.

---

1. L'Évangile, contrairement à la théologie, ne cherche pas à donner des idées sur ce que peut être le Transcendant. Il s'agit pour lui d'une situation et d'un passage (Pâque, mort et résurrection). C'est le point de vue du théologien J. M. Martin.

Le succès de *Être et temps*, en 1927, dans un environnement intellectuel centré sur l'homme en tant que sujet,
s'explique en partie par l'originalité des analyses exis-
tentielles du vécu de cet étant qui est nommé le *Dasein*
(humain), dont l'exemplarité réside en ceci qu'il se
distingue des autres étants par le fait qu'il entretient
un rapport de compréhension à son être. Mais ce que
Heidegger nomme analyse existentiale ne se situe pas au
niveau simplement critique du comportement individuel
vécu. Les existentiaux sont des modalités d'être du
Dasein et les analyses existentiales d'*Être et temps* ont
pour but, ne l'oublions pas, non point seulement d'expli-
citer l'être de l'homme mais plus fondamentalement
l'Être lui-même, ce qui fait être les étants. Ce but a-t-il été
atteint? La réponse est incertaine. Ce qui est sûr, c'est
que l'entreprise engagée par *Être et temps* ne fut pas
achevée. La publication de l'œuvre qui devait comporter
six sections s'est arrêtée en 1927 au quatrième chapitre
intitulé «temporalité et quotidienneté» de la deuxième
section. Peut-être n'y avait-il rien de plus à écrire après
avoir indiqué «le chemin»?

Il faut revisiter l'*ego cogito*, se déprendre du «je»
pour penser l'homme et même se déprendre de penser
(au sens de la pensée représentative) car l'homme est à
l'existence sur un autre mode que celui du penser.
Analysant le *Dasein ek-sistant*, Heidegger, dans *Être et*

temps, dégage les quatre existentiaux[1] qui font, selon lui, le « plus propre » de l'homme. Ce sont :

1) La *Befindlichkeit* qui est le fait d'être à, la disposition affective qui ouvre à tous les possibles dont il faut répondre, qu'il faut assumer ; c'est le fait d'être au monde sur le mode quotidien du souci.

2) Le sentiment qu'a l'homme d'être jeté (*Gevorfenheit*) ici et maintenant entre une naissance qu'il n'a pas choisie et une issue, la mort, qui est le rien dont je ne puis avoir l'expérience.

3) La compréhension, rendue possible par les perceptions, les sens, spécialement la tactilité (tenir, tendre, entendre) qui permettent au *Dasein* d'entrer dans le réseau de ce qui se tient, se renvoie, se reflète[2].

4) Le parler discursif ou *logos* (en allemand *Rede*) qui, silencieux, est aussi le penser, élément déterminant du *Dasein* qui le fait, seul de tous les étants, capable de dire « cela est » cet étant que voici est ceci ou cela. C'est de ce pouvoir de nomination que Heidegger tient que « le *Dasein* est appelé par l'Être ». Son étonnement est cette disposition à l'intérieur de laquelle ou pour laquelle s'ouvre l'être de l'étant. L'homme est ce devant quoi

1. Par existentiaux, il faut entendre les caractères d'être du *Dasein* de l'homme en situation, par opposition aux catégories qui sont les déterminations d'être des étants.

2. Le réseau du Ciel, de la Terre, des Divins et des Mortels, le célèbre *Geviert* des dernières œuvres de Heidegger.

l'Être conduit (pro-duit). «L'Être n'est nulle part, écrit Heidegger, sinon dans la garde que l'homme en fait». Ou plutôt la mégarde. L'homme a vocation de recueillir l'Être, c'est son essence ou plutôt son propre. Il n'y a pas d'abord l'Être, puis l'homme. L'Être n'est pas non plus le produit de l'homme qui pense. Il n'y a Être que recueilli par l'homme et l'homme, dans son propre n'est rien d'autre que le recueil soignant et le gardien de l'Être[1].

C'est à partir des existentiaux du Dasein, partant du fait que le propre de l'homme est d'être ouvert à (à être l'un ou l'autre de nombreux possibles) que Heidegger développe, dans *Être et temps*, ses célèbres analyses de :

– l'homme comme être au monde ;
– l'homme comme être à autrui ;
– l'homme comme être pour la mort (c'est à dire l'être au temps).

L'essence de cet étant qu'est le *Dasein* est ex-sistance[2]. Le «qu'il est» se montre dans sa quotidienneté. D'où vient-il et où va-t-il restent dans

1. Nous pensons toujours séparément les deux termes d'une relation. Mais c'est à partir de la relation même que se posent ses deux termes.
2. Sartre et les existentialistes français de 1950 reprendront presque mot pour mot la formule : l'essence de l'homme c'est son existence (ce n'est pas l'âme éternelle, prédestinée du christianisme platonicien). Ils en tirent une valorisation de la vie et de l'engagement qui s'écarte complètement de la pensée de Heidegger.

l'obscurité, le secret de cet être-jeté, de cet étant dans
son là.

Dimension fondamentale de l'exister humain, le
fait de se savoir mortel a fait le succès de l'analytique
existentiale de *Être et temps* avec sa formule célèbre de
l'être pour la mort (*Sein zum Tode*). C'est de ce rapport
que l'existant-homme entretient avec la mort et non de la
définition classique « animal rationnel » qu'il faut partir
pour philosopher depuis 1927. Le *sum moribundus* (je
suis destiné à mourir) a remplacé le *cogito sum*. Seul
donne son sens au « je suis » le sentiment de sa propre
mort qui, pour le *Dasein*, n'est pas un « événement du
monde » puisqu'elle constitue la fin de celui-ci[1] mais
une détermination intrinsèque de son être. Le *Dasein*
(l'homme) ne peut se situer par rapport à lui-même dans
une pensée de survol, extérieure, à partir de laquelle il se
représenterait son existence et sa mort comme des
évènements du monde, des étants…

En fait, nous vivons dans la quotidienneté en
esquivant notre mort, en la transformant en un événement à venir, ce qui nous fait vivre.

La question de Heidegger,

écrit Gadamer[2],

---

1. L'animal, dit Heidegger, ne meurt pas, il périt (du verbe *per ire*,
parvenir à sa fin). Seul l'homme est « le mortel » et cette dénomination
supplantera même l'expression Dasein dans les textes plus tardifs.

2. Gadamer, *op. cit.*, p. 29.

> était de savoir comment le Dasein humain, fini, éphémère et
> certain de sa propre mort peut, en dépit de sa temporalité
> (…) comprendre son être autrement qu'à la manière d'une
> privation, d'un manque.

Heidegger définit la mort comme possibilité de l'impossibilité de l'existence. Le possible, en philosophie, est une modalité comme le réel ou le nécessaire. Mais la possibilité n'est pas seulement mode de détermination des choses. Pour le *Dasein*, c'est une détermination d'être, un *existential*. « Elle est la détermination ontologique positive et la plus originaire du *Dasein* »[1]. L'être du *Dasein* est un pouvoir-être. La mort est le pouvoir-être le plus propre de l'homme, on pourrait dire encore mieux : un avoir-à-être. Par là le *Dasein* se voit coupé de toutes ses attaches ontiques aux choses du monde. On peut vivre cet avoir-à-être sur le mode de la quotidienneté ou sur le mode de l'angoisse, mais on ne peut en faire l'objet d'une science ontique. Ma mort, bien que certaine, n'est pas un « étant ». Elle est essentiellement mienne. Et Françoise Dastur précise :

> le suicide n'est nullement réalisation de la mort mais
> simplement la provocation du décès, ce qui veut dire que
> par là le *Dasein* s'ôte paradoxalement à lui-même son
> mourir, qu'il ne peut assumer qu'en existant[2].

La mort, possibilité de l'absence de tout possible ne sera jamais anéantie par sa réalisation. Être *ek-sistant* c'est-

---

1. *Sein und Zeit*, *op. cit.*, p. 143.
2. F. Dastur, *op. cit.*, p. 28.

à-dire se tenant dans l'attente de la mort, sur le mode du pouvoir-mourir, c'est ce qui fait de l'homme un mortel, qualification de l'être-homme très importante dans la suite de l'œuvre de Heidegger. Être pour la mort, c'est être ouvert au possible de la disparition de tout étant. Heidegger nomme cela *Erschlossenheit*. C'est cette structure constitutive du *Dasein*, l'extrayant tragiquement de l'étant, de la substantialité comme de la subjectivité, qui rend possible aussi bien « la révélation de l'être à l'homme que l'ouverture de l'homme à l'être ».

> Ce qui s'annonce ainsi au niveau d'*Être et temps* mais ne sera développé que beaucoup plus tard,

ajoute Françoise Dastur,

> c'est l'idée, proprement bouleversante par rapport à toute la tradition métaphysique que l'être n'est rien d'autre que le don que nous fait la mort (en écartant l'étant) [1].

La mort serait ainsi l'ultime abri secret de l'être.

---

1. F. Dastur, *op. cit.*, p. 30.

IV

VERS LE SECOND HEIDEGGER

Avec *Être et temps*, Heidegger avait cru que les analyses existentiales du propre de l'homme (le *Dasein*) lui permettraient de construire une ontologie, une science générale de l'Être dans sa totalité. La publication de 1927, nous l'avons dit, s'est arrêtée à la fin de la deuxième section. La troisième section devait s'appeler : *Temps et Être*. Elle devait poser la question de l'être dans le temps considéré comme horizon transcendantal pour la manifestation des étants. C'est la temporalité du *Dasein* humain révélée par le souci, mode d'être de la quotidienneté, qui devait fournir une base pour la réponse à la question du sens de Être. L'ambition était peut-être celle-ci : après avoir tenté de dire l'Être à partir de l'être de l'homme, découvert dans son *ek-sistance*, n'était-il pas possible de dire le don même de l'Être dans sa révélation et son secret ? Il semble bien que ce « dire » fut chose impossible dans le langage ordinaire de la philosophie.

A partir de 1929, le corpus des œuvres de Heidegger ne cesse de s'enrichir de très nombreux ouvrages, conférences et transcriptions de cours. Revisitant la quasi totalité de la pensée occidentale, des Présocratiques à Hegel et à Nietzsche, il fait clairement apparaître l'impasse de la métaphysique traditionnelle et de la pensée représentative, calculante et technique. Pour la métaphysique classique de la tradition occidentale, l'être de l'étant, ce que cherche Aristote est conçu comme un déjà-présent (le mot grec *ousia* traduit plus tard en latin par *essentia*, substance, puis nature au sens de définition des choses, signifie originairement présence)[1]. Plus tard on en fera l'objet de la connaissance d'un sujet conscient, se re-présentant les choses. *Être et temps* avait déjà renversé ce processus. L'être – tel qu'il apparaît dans les œuvres du « second » Heidegger – n'est pas conçu comme une présence mais comme un devenir, une éclosion. *Physis*, le mot grec originaire pour dire l'être au sens de la nature physique, a la même racine que phénomène : ce qui apparaît. C'est la plante qui se donne à voir à la lumière, hors du secret de sa germination. L'être c'est l'avènement d'une éclaircie, d'un dévoilement. *Alethéia*, le mot grec qui dit la vérité (de l'être) c'est le non-oubli, ce qui se déclot d'un abri secret.

---

1. Les mots *abousia* = absence et *parousia* = présence (du divin) justifiant ce sens originaire de présence du mot grec *ousia* traduit par être depuis Aristote.

Premier grand œuvre d'Heidegger après *Être et temps*, la conférence inaugurale de ses cours à Fribourg en 1929 intitulée « Qu'est-ce que la métaphysique? » est importante tant par elle-même que du fait de ses publications ultérieures enrichies d'une postface en 1943 et d'une longue introduction en 1949. La définition classique de la métaphysique : *ta metaphysica*, c'est l'interrogation qui se porte au-delà (qui transcende) l'étant « afin de reprendre celui-ci comme tel dans son ensemble dans la saisie conceptuelle »[1]. Dans « Qu'est-ce que la métaphysique? », Heidegger pose la question du néant : qu'est-ce que le non-étant, le néant qui est quelque chose puisqu'on en parle et qu'on demande ce qu'il EST? Mais poser la question du néant est contraire à notre logique (à celle dont nous vivons, qui nous vient d'Aristote). C'est contraire à ce premier principe de la logique qu'on appelle le principe de contradiction et qui est, en réalité, le principe de la contradiction qu'il faut éviter. On ne peut parler que des choses qui existent, qui sont, en réalité. Le néant, le non-étant, par définition n'est pas, ne doit pas être. Tel est le point de vue, encore actuel, des logiciens[2]. Pour Heidegger c'est une tonalité affective du *Dasein*, de la « réalité humaine » qui révèle le néant.

---

1. *Questions I et II, op. cit.*, p. 67.
2. Rudolf Carnap a fait une critique virulente de la leçon de Heidegger de 1929, estimant que son discours était réfractaire à toute formalisation logique, en symboles mathématiques. Que « le néant néantise » comme le monde monde (*die Welt weltet*) est, pour lui, à proprement parler dénué de sens.

Cette tonalité de l'existence vécue, c'est l'*angoisse*. Le néant, dans l'angoisse, se dénonce, se dévoile

> non point comme un existant, à l'état séparé … mais d'un seul et même coup avec l'existant (et nous mêmes). Il révèle l'existant dans sa parfaite étrangeté comme le radicalement Autre. (Se manifeste alors) qu'il y ait de l'existant et non pas Rien. Chaque *Dasein* émerge alors hors de l'étant dans son ensemble, c'est à dire ex-siste [1].

Cette émergence, Heidegger l'appelle la Transcendance. Alors que la tradition philosophique avait posé l'immanence du côté du sujet et le transcendant au delà du sujet, dans les choses, le monde, Dieu, tous étant qu'on ne peut que se représenter, le *Dasein* humain, pour Heidegger, en *ek-sistant*, se transcende : il projette un monde, il fait que règne un monde. En un autre lieu, Heidegger dira :

> La pierre n'a pas de monde, l'animal a peu de monde, l'homme est configurateur du monde.

Et dans la post-face de 1943 à la réédition de « Qu'est-ce que la métaphysique ? » il écrit :

> Seul de tout l'étant, l'homme éprouve, appelé par la voix de l'Être (révélé par le Néant) la merveille des merveilles : Que l'étant est.

C'est dans le texte écrit en 1949 pour servir d'introduction à une nouvelle édition de la conférence de 1929 que se trouvent un certain nombre de propositions qui

---

1. *Questions I et II, op. cit.*, p. 62.

éclairent à la fois le sens de ce qui fut tenté avec *Être et temps* et l'évolution de la pensée de Heidegger. Nous reproduisons ces textes dans la traduction de Roger Munier, éditée dans *Question I* en 1968[1] :

> De quelque manière que l'étant puisse être interprété, que ce soit comme esprit au sens du spiritualisme, comme matière et force au sens de matérialisme, comme devenir et vie … comme volonté, comme substance, comme sujet … à chaque fois l'étant apparaît comme étant dans la lumière de l'Être. Partout où la métaphysique représente l'étant, l'Être s'est éclairci. L'Être est advenu en un décèlement (*Aletheia*).

Point capital : nous pensons au sens traditionnel de penser en mode de *représentation*. Nous nous représentons les choses qui sont, les étants, le monde, les autres, nous-mêmes, Dieu. Nous nous représentons tout cela en prononçant le verbe être. Ce morceau de craie est ceci ou cela. Cette advenue du mot « être » s'ouvre comme une éclaircie, un décèlement qui est la vérité qui se disait en grec *Aletheia* = non oubli, non occultation, dévoilement. Et Heidegger poursuit :

> Quant à savoir si et comment l'Être apporte avec soi un tel décèlement, si et comment lui-même s'établit dans la métaphysique, cela reste voilé[2].

---

1. Nous nous référons à la réédition de 1993 dans la collection « Tel », Gallimard, *Questions I et II*, p. 24 *sq.*
2. *Questions I et II*, *op. cit.*, p. 24.

Puis, plus loin,

> dans la mesure où elle ne représente constamment que
> l'étant en tant qu'étant, la métaphysique ne se tient pas dans
> sa pensée à l'Être lui-même [1].

Par le mot métaphysique employé trois fois ci-dessus,
il faut entendre la « *meta ta physica* » des éditeurs
d'Aristote, cette activité de pensée qui a la prétention
de dépasser la physique (*meta* = trans = après, au dessus,
au delà) d'aller au delà, au dessus des étants, d'atteindre,
a-t-on dit plus tard, « l'être en tant qu'être », ce qui n'est
pas une formule claire, c'est le moins qu'on puisse dire.
Une telle pensée qui a sévi jusqu'ici est qualifiée par
Heidegger de non-pensée. Et il ajoute :

> Dans la venue ou le retrait de la vérité de l'Être (l'*aletheia*)
> ce qui est en jeu, c'est la proximité et l'éloignement de cela
> d'où la philosophie, en tant que pensée par représentation
> de l'étant comme tel, reçoit son essence et sa nécessité [2].

Or la métaphysique, devenue science des étants et
aujourd'hui arraisonnement technique de la nature,

> empêche désormais que la relation de l'Être à l'homme à
> partir de l'essence de cette relation elle-même, n'accède à
> un éclat qui amène l'homme à l'appartenance à l'Être [3].

Même un commentateur aussi bien disposé que Gadamer
parle à ce propos de *pathos*. Apparaît ici le trouble qui

1. *Ibid.*, p. 27-28.
2. *Ibid.*, p. 28.
3. *Ibid.*, p. 28.

caractérise Heidegger devant la modernité. N'oublions pas que ces textes datent de 1949. Ils sont contemporains du grand effondrement de l'Allemagne[1] et du début de la « guerre froide » entre les deux icônes du monde de l'époque : le capitalisme américain et le totalitarisme soviétique. C'est l'aboutissement, selon Heidegger, de deux mille ans de métaphysique au sens de « pensée occidentale ». La métaphysique ne pense jamais la vérité de l'Être. C'est qu'il appartient à son destin essentiel que

> son propre fondement se dérobe à elle, parce qu'au lever du décèlement, ce qui dans ce dernier déploie son essence : le décèlement, partout se retire et cela au profit du décelé, qui apparaît comme l'étant[2].

Un peu plus loin, le Heidegger de 1949 revient sur le but de *Être et temps* : réfléchir sur l'essence de l'homme, et il ajoute que l'épreuve de l'oubli de l'être

> inclut cette présomption que (...) la relation de l'Être à l'essence de l'homme appartient à l'Être lui-même.

Nous avons appris, avec *Être et temps*, que l'essence du *Da-Sein* (humain) reposait dans son existence. Le mot *ek-sistance* désige

> le mode d'être de cet étant (l'homme) qui se tient ouvert pour l'ouverture de l'Être dans laquelle il se tient tandis

---

1. Heidegger avait eu un de ses fils tué sur le front de l'Est et les Alliés, en 1945, lui avaient interdit toute activité d'enseignement à l'Université.

2. *Questions I et II*, *op. cit.*, p. 29.

> qu'il la soutient, ce soutenir étant expérimenté sous le nom du souci [de la quotidienneté] [1].

Encore ne faut-il pas

> concevoir le *ex* comme éloignement de l'intérieur d'une immanence de la conscience et de l'esprit car ainsi comprise, l'existence ne serait toujours représentée qu'à partir de la subjectivité et de la substance, alors que le *ex* reste à penser comme la disjonction de l'ouverture de l'Être lui-même... L'essence existentiale de l'homme est le fondement grâce auquel l'homme peut représenter l'étant comme tel et avoir conscience du représenté [2].

Ce que Heidegger entend ainsi par « présomption », c'est l'idée qu'il développera dans ses derniers écrits : que la relation entre l'homme (*ek-sistant*) et l'Être (l'être des étants) n'est peut-être pas à regarder comme une activité de l'homme à la recherche de l'éclaircie, du dévoilement, mais comme l'attente recueillie d'un don fait à l'homme par ce que le philosophe allemand appelle le jeu du monde, des quatre qui forment ce qu'il appelle aussi le *Geviert* : le Ciel, la Terre, les Divins et les Mortels...

---

1. *Ibid.*, p. 34-35.
2. *Questions I et II*, *op. cit.*, p. 34-35.

V

VÉRITÉ DE L'ÊTRE ET SECRET

Réponse à une question de son traducteur français, le philosophe Jean Beaufret, la *Lettre sur l'humanisme* de 1946 est une étape importante sur « les chemins de Heidegger ». Elle insiste sur le paradoxe du pseudo-humanisme (de la Renaissance jusqu'à l'époque contemporaine) qui n'est que l'exaltation d'une « nature humaine » définie à partir de l'animalité (l'homme, cet animal ayant la parole – ou la raison). Il fait remonter cet « humanisme » à Rome plutôt qu'à Aristote, imputant tout le mal à la traduction « mot à mot » du *physis* grec par le *natura* latin[1], ce qui, dit-il, « immobilise et ferme l'être ». Dès avant la *Lettre sur l'humanisme*, Heidegger, dans un texte de 1942, *La doctrine platonicienne de la*

---

1. De même la justicia romaine (de *jubeo*, enjoindre) n'est pas la *dickè* grecque (qui dit plutôt l'ajointement équilibré, non le pouvoir dominateur). L'*imperium* romain a cedé la place à l'*imperium* du pape... au détriment de l'Évangile.

vérité, reprochait à Platon d'avoir oublié l'être comme *physis* (mot qui le désignait chez les présocratiques et qui signifiait, nous l'avons dit, ce qui apparaît de soi-même) au profit de sa projection dans le surnaturel, ce qui est soumission de l'être à la pensée, de la perception à l'entendement, du sensible à l'intelligible, contresens qui éloignera toujours plus la métaphysique du sens de l'Être. L'*idea* platonicienne pense l'étant éclairé – présent et immobile – et cherche à se représenter la source de cet éclairement. « L'Être n'est pas pensé dans son essence décelante c'est à dire dans sa vérité »[1] (la vérité, c'est l'événement qui dévoile). La pensée depuis *Être et temps* s'est transformée. C'est ce que les commentateurs ont appelé le tournant. Heidegger insiste désormais plus sur l'ouverture du *Dasein* face à l'Être.

> La signification du tournant c'est en effet que la pensée ne conçoit plus l'être dans l'optique du *Dasein* comme horizon du projet d'un *Dasein* qui, en existant, déploie un sens, mais comme domaine dans lequel le *Dasein* séjourne et duquel il a à répondre.

L'homme est maintenant défini à partir d'un appel qu'il s'agit de recevoir (à entendre) et dont il doit répondre. « Il faut », est-il écrit dans la *Lettre sur l'humanisme*, « se tenir dans l'éclaircie de l'être », dans l'attente et la sérénité[2]. Il ne s'agit plus seulement de constituer un

---

1. *Questions I et II, op. cit.*, p. 26.
2. Dans une conférence de circonstance intitulée *Gelassenheit* (sérénité) Heidegger en 1959 avait opposé à la pensée représentative qui est un

horizon de compréhensibilité, ce qui était, dans *Être et temps*, la raison d'être du *Dasein*. Au passage est notée l'extrême difficulté qu'il y a à penser le vivant qui n'est pas l'homme. Les animaux ne sont pas comme des hommes qui seraient privés de langage (ou de raison). Ils ne sont pas, comme l'homme, configurateurs de monde non point

> parce que la capacité de parler leur est refusée mais parce que le langage, loin d'être l'apanage exclusif d'une certaine sorte de vivants, se confond avec l'éclaircie de l'être elle-même [1].

L'être, écrit Heidegger, dans la *Lettre sur l'humanisme* :

> n'est ni Dieu, ni un fondement du monde, il n'est rien d'autre que le rapport (*Verhältnis*) que nous entretenons avec lui.

Le second Heidegger ne nous invite plus à penser l'Être de l'étant comme l'horizon transcendantal que déployait le *Dasein* dans *Être et temps*. Il nous invite à penser ce qu'il appelle l'essence (*Wesen*) au sens de la

---

vouloir, une recherche active des causes, un arraisonnement de la nature, la posture du non-vouloir, de l'attente pure à laquelle il donne le nom de Sérénité.

1. F. Dastur, *op. cit.*, p. 79 : « De tout étant qui est, l'être vivant est pour nous le plus difficile à penser car s'il est d'une certaine manière notre plus proche parent il est en même temps séparé par un abîme de notre essence ex-sistante ». Gadamer précise (*op. cit.*, p. 96) : « Confiné à son environnement, l'animal n'est pas ouvert à l'être comme peut l'être l'homme qui est fait de son pouvoir-ne-pas-être ».

provenance de l'être. Cette provenance, il la trouve dans ce qu'il appelle l'éclaircie (*Lichtung*, qui n'est ni la clairière qui est éclairée ni le rayon lumineux qui éclaire) en laquelle l'homme se tient et en laquelle l'être s'ouvre, se décèle puis se renferme dans le secret (*Geheinnis*) qui est l'habitation, l'être caché (*Verborgenheit*) de la vérité, cette vérité qui n'est ni l'étant, ni l'être mais l'événement de l'ouverture qui est co-appropriation de l'être et de l'homme.

Heidegger commence maintenant à donner la préséance ontologique à l'occultation sur le décèlement.

> Le signe et la nature d'une vérité significative sont qu'elle reste cachée tout en rayonnant dans et à travers cette occultation [1].

En 1927, dans *Être et temps*, le temps était l'horizon transcendantal de l'être. Dans la *Lettre sur l'humanisme*, Heidegger suggère que la relation doit se renverser mais il avoue :

> La pensée échoue à exprimer ce renversement : les vieux mots de transcendance et d'horizon sont inaptes [2].

Il rappelle qu'il était dit dans *Être et temps* :

---

1. Il faut renoncer à notre compréhension habituelle du mot à la chose comme d'une relation entre deux objets déjà tout constitués : « Phonèmes et graphèmes ne sont pas des étants et ne se substituent pas aux choses qu'ils désignent mais sont ce qui leur procure originairement la présence de l'être » (F. Dastur, *op. cit.*, p. 105).

2. *Questions III et IV*, *op. cit.*, p. 92.

il y a l'Être : *es gibt das Sein*. Cet il y a, écrit-il, ne traduit pas exactement *es gibt*. Car le *es* (ce) qui, ici, *gibt* (donne) désigne l'essence de l'Être qui donne, qui accorde sa vérité. Le don dans l'ouvert et au moyen de cet ouvert est l'Être même [1].

La formule « *es gibt* » évite la tautologie : L'Être est.

Dire de l'Être qu'il est, sans autre commentaire, c'est prendre le risque de se le représenter trop aisément comme un étant et, par là même, de se méprendre absolument.

---

1. C'est le fameux « *estin car einai* » : « il est en effet être » de Parménide, non encore pensé aujourd'hui, dit Heidegger, qui ajoute avec humour : « on peut mesurer par là ce qu'il en est du progrès en philosophie ».

VI

L'EXPOSITION À LA PAROLE

Vorträge und Aufsätze, *Essais et conférences*, a été voulu par Heidegger lui-même en 1954 non point comme un recueil de textes plus ou moins disparates, mais comme un ouvrage central sur des questions essentielles : la technique, la science, la pensée, la chose, la parole, l'habitat de l'homme sur cette Terre, qui est poésie. Il ouvre selon les termes même du philosophe, dans son avant-propos, des chemins pour lesquels ce qui s'est passé est sans doute passé, mais ce qui est en mode rassemblé (*gewesendes*) demeure en venue : de tels chemins attendent qu'un jour des hommes qui pensent s'y engagent.

> Alors que le mode de représentation courant, technique au
> sens le plus large du terme, veut toujours aller plus loin et
> qu'il entraîne tout le monde, les chemins qui montrent
> découvrent parfois une vue sur un unique massif [1],

Ge-birg : *abri rassemblant selon le traducteur.*

Il y a, d'un côté, la pensée qui fonde, qui est aussi la
pensée représentative, la pensée de la science, celle qui
cherche à s'assurer, qui calcule et qui compte. D'un autre
côté est la pensée qui médite. C'est la pensée qui est en
attente d'un en-tendre. C'est la pensée qui remémore, qui
remercie. Le lieu premier où Heidegger nous parle de
la pensée qui fonde est le texte de 1929 intitulé, *De
l'essence du fondement* (*Grund*). Dans la recherche du
fondement, nous trouvons le mot grec *arché*, mal traduit
par commencement, qui signifie originairement tête, ce
qui règne (d'où mon-archie). Aristote dit *arché* et pense
cause ou principe et ce sera le trait dominant de la pensée
occidentale de chercher la ou les causes, de fonder sur
des principes (les premiers principes), de chercher les
raisons au sens de fondements. Plus tard, on ne conser-
vera des quatre causes d'Aristote que la cause efficiente
qui est de l'ordre de l'ontique : explication d'un étant par
un autre étant. Plus tard encore, relevant l'hétérogénéité

---

1. *Essais et conférences*, trad. fr., « Tel », Paris, Gallimard, 1997, p. 6.

des étants, on dira, dans les sciences modernes antécédent au lieu de cause et non plus fondement en raison. Platon, le premier, s'était éloigné de la chose même pour la re-présenter par ce qui en est vu (*idea* = aspect) dans sa visibilité (l'horizon d'une lumière plus fondamentale : la lumière de l'être que la métaphysique s'est empressé d'oublier). Plus tard, dans la théorie moderne de la connaissance (depuis le XVIIIe siècle), l'*idea* va émigrer de la chose au sujet, aux perceptions que le sujet reçoit de l'objet de sa connaissance (Hume). Ces connaissances sensibles, perceptions, données, organisées selon les cadres *a priori* de l'espace et du temps sont reprises par l'entendement qui les rend intelligibles par la recherche et la détermination des causalités – ou plutôt des lois d'antécédents à conséquences, qui les régissent. Cette pensée qui calcule, qui compte, qui s'assure est la pensée de la science moderne. Elle ne se distingue pas de la technique qui consiste à commettre la nature et les hommes, à les arraisonner dans une recherche qui est provocation. Heidegger, dans la question de la technique se défend de toute nostalgie passéiste :

Cela,

dit-il,

n'a rien à voir avec les discours habituels sur la technique, fatalité (malédiction) de notre époque. C'est notre destin que de vivre dans l'ère de la technique.

Mais le danger est que l'homme qui se croit, depuis Descartes, comme maître et seigneur de la terre, ne soit plus pris lui-même que comme fonds, comme stock, comme capital (le capital humain) au même titre que l'énergie et les matières premières. S'étend alors l'illusion que tout ce qu'on rencontre ne subsiste qu'en tant qu'il est le fait de l'homme. La technique, écrit encore Heidegger n'est pas ce qui est dangereux... mais il y a le mystère de son essence. C'est l'essence de la technique, en tant qu'elle est un destin de dévoilement qui est le danger. Le règne de l'Arraisonnement nous menace de l'éventualité qu'à l'homme puisse être refusé un dévoilement plus originel et l'entente de l'appel d'une vérité plus initiale. Mais ce règne (de la technique) est notre destin, c'est ce qui détermine l'homme à persister dans son rôle : être celui qui est main-tenu à veiller sur l'essence de la vérité, le secret de tout dévoilement. Ainsi apparaît, pour Heidegger à la suite de Holderlin[1], l'aube de « ce qui sauve » : la constellation dans laquelle le dévoilement et l'occultation, c'est-à-dire l'être même de la vérité, se produisent.

Dans un des derniers textes publiés du vivant de Heidegger sous le titre « *Acheminement vers la parole* » le philosophe revient sur le pouvoir de nommer par lequel est octroyé à l'homme ce qu'il appelle « la manifesteté des choses ». Il lui paraît évident, comme au

---

1. Dans *Question de la Technique*, dans *Essais et conférences, op. cit.*, p. 45, Heidegger cite le poète : « Mais là où il y a danger, Croît ce qui sauve ».

linguiste Humboldt, que le langage n'est pas une invention de l'homme. S'il en était ainsi, cela conduirait à présupposer un langage précédent tout langage[1] ... Revisitant Héraclite qui nommait *logos* (discours recueillant) la relation même de l'être et du dire, Heidegger achève de disqualifier ce qu'il appelle l'onto-théologie, cette métaphysique qui conçoit l'être comme présence subsistante et fondement des étants. L'être, répète-t-il, c'est l'avènement de l'éclaircie, du dévoilement, c'est le don de nommer qui n'est don qu'en tant qu'il est reçu, c'est cette co-appartenance de l'être et de l'homme engagé dans la temporalité qu'Heidegger appelle *Ereignis*.

Dans la perspective de cette nouvelle conception,

écrit Françoise Dastur[2],

> l'homme n'est plus considéré comme le fondement jeté de l'éclaircie, mais comme celui qui demeure exposé à elle et qui lui est redevable de son propre être... Le là de l'être (du *Da-Sein*) ne peut plus être compris comme le résultat de la projection et de la transcendance de l'être de l'homme mais comme l'adresse (*Anspruch*) de l'être à l'homme à laquelle l'homme se doit de répondre (*ent-sprechen*). Cet être appelé et regardé constitue la véritable spécificité de l'humanité par rapport à l'animalité : ce n'est plus en effet l'homme qui a besoin de comprendre l'être selon la pers-

1. Si Cratyle donne des noms aux choses, inventant ainsi une langue, c'est à partir d'une langue antérieure au moyen de laquelle il savait distinguer les choses...

2. F. Dastur, *op. cit.*, p. 117.

pective encore transcendantale qui était celle de Heidegger dans sa première phase de pensée, c'est l'être qui se donne à l'homme qui le reçoit dans l'événement mystérieux qu'est la nommination, le fait, pour la totalité des étants-existants réels et possibles – de se révéler dans la parole humaine.

TABLE DES MATIÈRES

QUELQUES PAGES SUR HEIDEGGER

ACHEVÉ D'IMPRIMER
EN JUIN 2006
PAR L'IMPRIMERIE
DE LA MANUTENTION
A MAYENNE
FRANCE

N° 06N-042

Dépôt légal : 2ᵉ trimestre 2006